AF216573

Impressum
Verlag: BABADADA GmbH, Nedderfeld 112 , 22529 Hamburg
Geschäftsführer / Verlagsleitung: Harald Hof
Druck: Books on Demand GmbH, In de Tarpen 42, 22848 Norderstedt

Imprint
Publisher: BABADADA GmbH, Nedderfeld 112 , 22529 Hamburg, Germany
Managing Director / Publishing direction: Harald Hof
Print: Books on Demand GmbH, In de Tarpen 42, 22848 Norderstedt

school

اسکول

classroom
کمرہ جماعت
divide
تقسیم کریں
186/2
board
بورڈ
teacher
اُستاد
سکول کا صحن
paper
کاغذ
write
لکھنا
pen
قلم
desk
میز
ruler
پیمانہ
book
کتاب
pupil
شاگرد

satchel

بستہ

pencil case

پینسل کیس

pencil

پینسل

pencil sharpener

پینسل شارپنر

rubber

ربڑ

drawing pad

ڈرائنگ پیڈ

drawing

ڈرائنگ

paintbrush

پینٹ برش

paint box

پینٹ باکس

scissors

قینچی

glue

گوند

exercise book

مشق کی کاپی

homework

ہوم ورک

number

ہندسہ

add

جمع کریں

subtract

منفی کریں

multiply

ضرب دیں

calculate

شمار کریں

letter

خط

alphabet

حروف تہجی

word

لفظ

text

متن

read

پڑھنا

chalk

چاک

lesson

سبق

register

اندراج

examination

امتحان

certificate

سند

school uniform

سکول یونیفارم

education

تعلیم

encyclopedia

انسائیکلوپیڈیا

university

یونیورسٹی

microscope

خورد بین

map

نقشہ

waste-paper basket

ویسٹ پیپر باسکٹ

اسکول - school

hotel
ہوٹل
hostel
ہاسٹل
currency exchange office
رقم تبدیل کرانے کیلئے دفتر
car
کار

language
....
زبان

yes / no
....
ہاں / نہیں

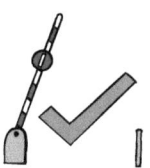

Okay
....
ٹھیک ہے

hello
....
ہیلو

translator
....
مُترجم

Thank you
....
شُکریہ

how much is...?

؟ ... کی کیا قیمت ہے

I don't get it

میں نہیں سمجھتا

problem

مشکل

Good evening!

شام بخیر!

Good morning!

صبح بخیر!

Good night!

شب بخیر!

goodbye

الوداع

direction

سمت

luggage

سفری سامان

bag

بیگ

backpack

بیگ پیک

guest

مہمان

room

کمرہ

sleeping bag

سلیپنگ بیگ

tent

ٹینٹ

tourist information

سیاحوں کےلئےمعلومات

beach

ساحل

credit card

کریڈٹ کارڈ

breakfast

ناشتہ

lunch

لنچ

dinner

ڈنر

Ticket

ٹکٹ

elevator

لفٹ

stamp

مُہر

border

سرحد

customs

کسٹمز

embassy

سفارت خانہ

visa

ویزا

passport

پاسپورٹ

transport

نقل وحمل

airplane
ہوائی جہاز
ship
سمندری جہاز
fire truck
آگ بُجھانے والی گاڑی
bus
بس
truck
ٹرک
motorboat
موٹربوٹ
bike
سائیکل
car
کار

ferry

فیری

boat

کشتی

motorbike

موٹرسائیکل

police car

پولیس کار

racing car

ریسنگ کار

rental car

کرایہ پرکار

car sharing

کار کا اشتراک کرنا

tow truck

کھینچنے والا ٹرک

garbage truck

کوڑے والا ٹرک

engine

کار

fuel

ایندھن

fuel station

پٹرول اسٹیشن

traffic sign

ٹریفک کے نشانات

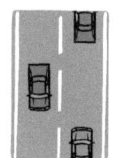

traffic

ٹریفک

traffic jam

ٹریفک جام

parking lot

کار پارک

train station

ٹرین اسٹیشن

tracks

پٹڑیاں

train

ٹرین

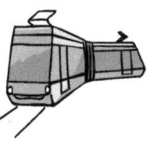

tram

ٹرام

wagon

ویگن

helicopter

ہیلی کاپٹر

airport

ائرپورٹ

tower

ٹاور

passenger

مسافر

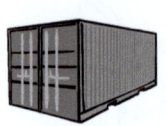

container

کنٹینر

carton

ڈبہ

cart

ریڑھا

basket

ٹوکری

take off / land

اُڑان بھرنا / زمین پراترنا

city

شہر

village

گاؤں

city center

سٹی سنٹر

house

مکان

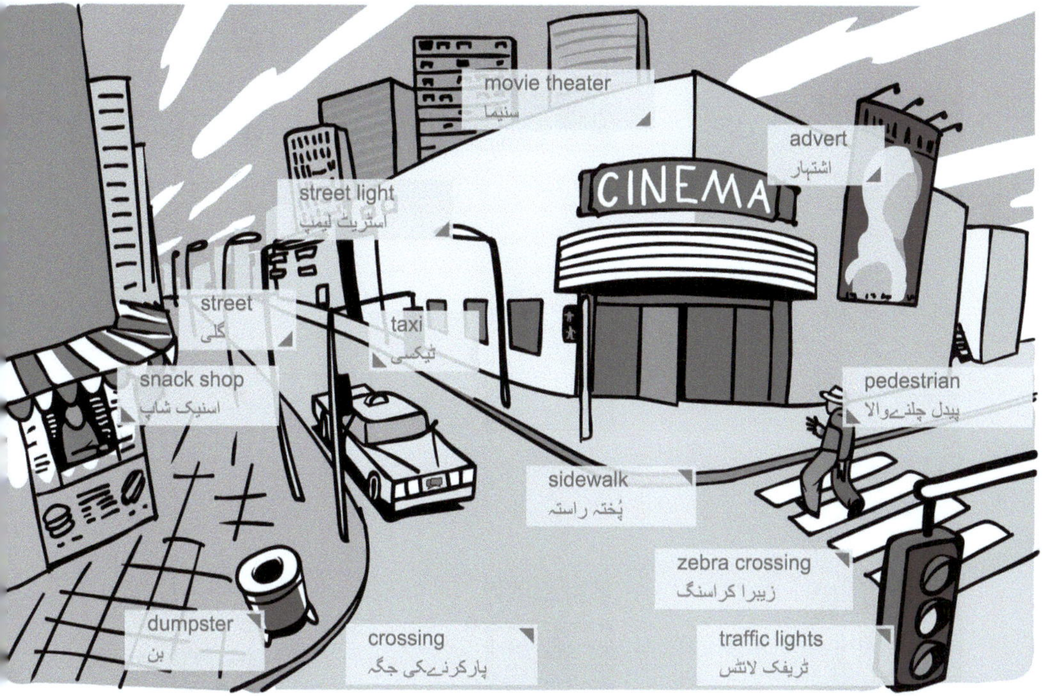

movie theater
سنیما
advert
اشتہار
CINEMA
street light
اسٹریٹ لیمپ
street
گلی
taxi
ٹیکسی
snack shop
اسنیک شاپ
pedestrian
پیدل چلنے والا
sidewalk
پُختہ راستہ
zebra crossing
زیبرا کراسنگ
dumpster
بن
crossing
پارکرنے کی جگہ
traffic lights
ٹریفک لائٹس

hut

ہٹ

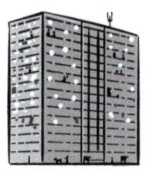

apartment

فلیٹ

train station

ٹرین اسٹیشن

city hall

ٹاؤن ہال

museum

عجائب گھر

school

اسکول

university

یونیورسٹی

bank

بینک

hospital

ہسپتال

hotel

ہوٹل

pharmacy

فارمیسی

office

دفتر

book shop

کتابوں کی دکان

shop

دکان

flower shop

پھولوں کی دُکان

supermarket

سُپرمارکیٹ

market

مارکیٹ

department store

ڈیپارٹمنٹ سٹور

fishmonger's shop

مچھلی کی دُکان

mall

شاپنگ سنٹر

harbor

بندرگاہ

park
....
پارک

bench
....
بنچ

bridge
....
پُل

stairs
....
سیڑھیاں

subway
....
انڈرگراؤنڈ

tunnel
....
سرُنگ

bus stop
....
بس اسٹاپ

bar
....
شراب خانہ

restaurant
....
ریسٹورنٹ

postbox
....
پوسٹ باکس

street sign
....
اسٹریٹ سائن

parking meter
....
پارکنگ میٹر

zoo
....
چڑیا گھر

swimming pool
....
سوئمنگ پول

mosque
....
مسجد

farm

کھیت

pollution

آلودگی

cemetery

قبرستان

church

چرچ

playground

کھیل کا میدان

temple

مندر

landscape

منظر

signpost
رہنمائی کے لیے لگا ہوا بورڈ

path
راستہ

meadow
سبزہ زار

stone
پتھر

tree
درخت

hiker
پیدل چلنے والا، بانگر

river
دریا

grass
گھاس

flower
پھول

valley

وادی

hill

پہاڑی

lake

جھیل

forest

جنگل

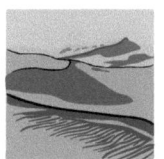

desert

صحرا

volcano

آتش فشاں

castle

قلعہ

rainbow

قوس قزح

mushroom

کھمبی

palm tree

کجھور کا درخت

mosquito

مچھر

fly

مکھی

ant

چیونٹی

bee

مکھی

spider

مکڑا

beetle

بھونرا

frog

مینڈک

squirrel

گلہری

hedgehog

خارپُشت

hare

خرگوش

owl

اُلو

bird

پرندہ

swan

راج ہنس

boar

سؤر

deer

ہرن

moose

امریکی بارہ سنگھا

dam

ڈیم

wind turbine

ہوا سےچلنےوالی ٹربائین

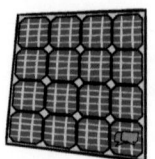

solar panel

سولرپینل

climate

آب وہوا

restaurant
ریسٹورنٹ

waiter
ویٹر
menu
مینیو
chair
soup
سوپ
pizza
پیزا
tablecloth
ٹیبل کلاتھ
cutlery
کٹلری

starter
اسٹارٹر

main course
مین کورس

dessert
ڈیزرٹ

drinks
مشروبات

food
کھانے کی اشیاء

bottle
بوتل

fast food

فاسٹ فوڈ

street food

اسٹریٹ فوڈ

teapot

چائےدانی

sugar bowl

شوگرباکس

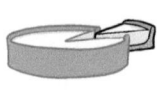

portion

حصہ

espresso machine

ایسپریسو مشین

high chair

اونچی کُرسی

bill

بل

tray

ٹرے

knife

چھُری

fork

کانٹا

spoon

چمچ

teaspoon

چائےکا چمچ

serviette

سرویئیٹی

glass

شیشہ

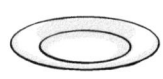

plate

پلیٹ

soup plate

سوپ پلیٹ

saucer

طشتری

sauce

چٹنی

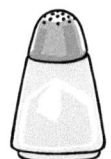

salt shaker

سالٹ شیکر

pepper mill

پیپرمل

vinegar

سرکہ

oil

خوردنی تیل

spices

مصالحے

ketchup

کیچپ

mustard

سرسوں

mayonnaise

میئونیز

supermarket

سُپرمارکیٹ

special offer
خصوصی پیشکش
customer
گاہک
dairy products
ڈیری
fruit
پھل
shopping cart
ٹرالی

butcher's shop

گوشت کی دُکان

bakery

بیکری

weigh

وزن کرنا

vegetables

سبزیاں

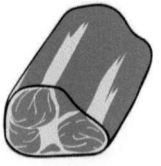

meat

گوشت

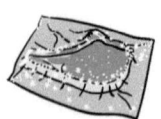

frozen food

جما ہوا کھانا

cold cuts

کولڈ کٹس

canned food

ڈبے میں بند کھانا

detergent

واشنگ پاؤڈر

candy

مٹھائیاں

household products

گھریلو مصنوعات

cleaning products

صاف کرنے کیلئے مصنوعات

sales representative

سیلزپرسن

cash register

کیش رجسٹر

cashier

کیشئیر

shopping list

خریداری کی فہرست

opening hours

اوقات کار

wallet

بٹوہ

credit card

کریڈٹ کارڈ

bag

تھیلا

plastic bag

پلاسٹک کے تھیلے

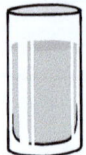

drinks

مشروبات

water

پانی

juice

جوس، رس

milk

دودھ

coke

کوک

wine

وائن

beer

بیئر

alcohol

الکوحل

cocoa

کوکوآ

tea

چائے

coffee

کافی

espresso

ایسپریسو

cappuccino

کیپاچینو

banana

کیلا

apple

سیب

orange

مالٹا

melon

خربوزہ

lemon

لیموں

carrot

گاجر

garlic

لہسن

bamboo

بانس

onion

پیاز

mushroom

کھُمبی

nuts

اخروٹ، بادام وغیرہ

noodles

نوڈلز

spaghetti

اسپیگیٹی

rice

چاول

salad

سلاد

fries

چپس

fried potatoes

تلے گئے آلو

pizza

پیزا

hamburger

ہیم برگر

sandwich

سینڈوچ

escalope

کٹلیٹ

ham

سؤرکی ران کا گوشت

salami

گوشت کی اطالوی ساسیج

sausage

ساسیج

chicken

مُرغی

roast

روسٹ

fish

مچھلی

porridge oats

جئی کا دلیہ

muesli

میوزلی

cornflakes

کارن فلیکس

flour

آٹا

croissant

کروئیسنٹ

bread roll

بریڈ رول

bread

بریڈ

toast

ٹوسٹ

cookies

بسکٹ

butter

مکھن

curd

دہی

cake

کیک

egg

انڈا

fried egg

فرائی کیا گیا انڈہ

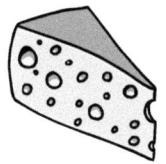

cheese

پنیر

ice cream

آئس کریم

sugar

چینی

honey

شہد

jelly

جام

nougat cream

ناؤگٹ کریم

curry

سالن

farm
کھیت

goat

بکری

cow

گائے

calf

بچھڑا

pig

سؤر

piglet

سؤر کابچہ

bull

سانڈ

goose

راج ہنس

duck

بطخ

chick

چوزہ

hen

مُرغی

cockerel

مُرغا

rat

چوہا

cat

بلی

mouse

چوہا

ox

بیلچہ

dog

کُتا

dog house

کُتے کا گھر

garden hose

گارڈن ہاؤس

watering can

پانی کا کین

scythe

درانتی

plow

ہل

sickle

درانتی

hoe

بیلچہ

pitchfork

ترنگل

axe

کلہاڑا

pushcart

ہتہ گاڑی

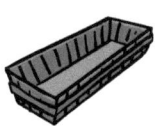

trough

حوض

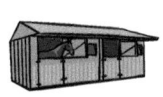

milk can

دودھ کا کین

sack

تھیلا

fence

باڑ

stable

اصطبل

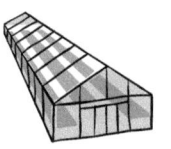

greenhouse

گرین ہاؤس

soil

مٹی

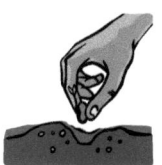

seed

بیج

fertilizer

فرٹیلائیزر

combine harvester

کمبائن ہارویسٹر

harvest

فصل کاٹنا

harvest

فصل کاٹنا

yams

افریقی آلو

wheat

گندم

soya

سویا

potato

آلو

corn

مکئی

rapeseed

توریا کا تیل

fruit tree

پھلداردرخت

manioc

کساوا

grain

دلیہ

house

مکان

living room

لوونگ روم

bathroom

غُسل خانہ

kitchen

باورچی خانہ

bedroom

بیڈروم

kids room

بچوں کا کمرہ

dining room

کھانےکا کمرہ

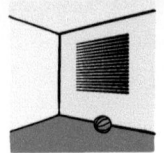

floor

فرش

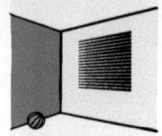

wall

دیوار

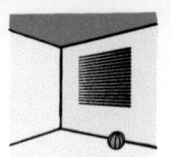

ceiling

چھت

cellar

تہ خانہ

sauna

سوانا

balcony

بالکونی

terrace

ٹیریس

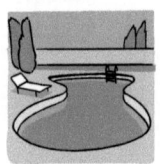

pool

پول

lawn mower

گھاس کاٹنے کی مشین

sheet

چادر

bedspread

چادر

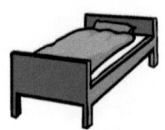

bed

بستر

broom

جھاڑو

bucket

بالٹی

switch

سوئچ

living room
لوونگ روم

carpet

قالین

drape

پردے

table

میز

chair

کُرسی

rocking chair

ہلنے والی کُرسی

armchair

آرام کُرسی

book

كتاب

blanket

كمبل

decoration

آرائش

firewood

جلانے کی لکڑی

film

فلم

stereo system

ہائی فائی

key

چابی

newspaper

اخبار

painting

پینٹنگ

poster

پوسٹر

radio

ریڈیو

notebook

نوٹ بُک

vacuum cleaner

ویکیوم کلینر

cactus

کیکٹس

candle

موم بتی

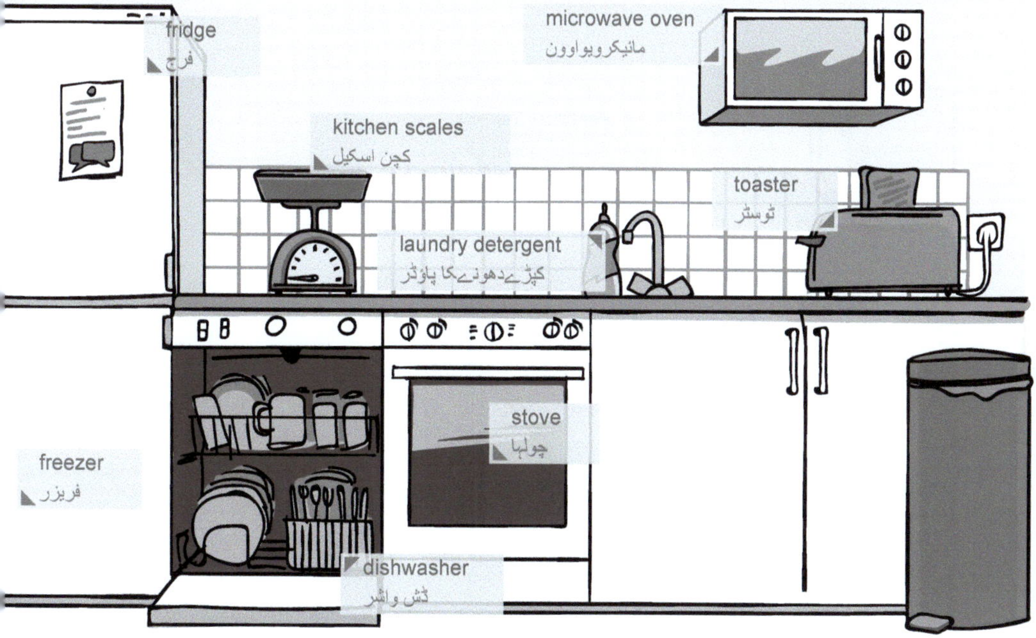

fridge
فرج

microwave oven
مائیکرویواوون

kitchen scales
کچن اسکیل

toaster
ٹوسٹر

laundry detergent
کپڑے دھونے کا پاؤڈر

freezer
فریزر

stove
چولہا

dishwasher
ڈش واشر

cooker

گکر

pot

برتن

cast-iron pot

لوہے کا برتن

wok / kadai

کڑابی

pan

برتن

kettle

کیتلی

steamer

اسٹیمر

baking tray

بیکنگ ٹرے

crockery

کراکری

mug

مگ

bowl

پیالہ

chopsticks

چاپ اسٹکس

ladle

ڈوئی

spatula

کفچہ

whisk

جھاڑودینا

strainer

مقطر

sieve

چھلنی

grater

گریٹر

mortar

کونڈی

barbecue

باربی کیو

fireplace

کھُلی آگ

chopping board

چاپنگ بورڈ

rolling pin

بیلن

corkscrew

کارک اسکریو

can

کین

can opener

کین اوپنر

oven cloth

برتن پکڑنے والا کپڑا

sink

سنک

brush

برش

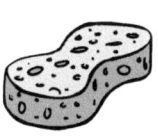

sponge

اسپونج

blender

بلینڈر

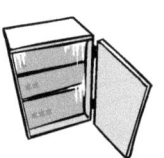

deep freezer

ڈیپ فریز

baby bottle

بچے کی بوتل

tap

ٹونٹی

bathroom
غُسل خانہ

heating
ہیٹنگ
towel
تولیہ
shower
شاور
shower curtain
شاورکرٹن
bubble bath
ببل باتھ
bathtub
باتھ ٹب
glass
شیشہ
washing machine
واشنگ مشین
tap
ٹونٹی
tiles
ٹائلیں
potty
پاٹی
sink
سنک

toilet
ٹائلٹ

squat toilet
دوزانوں بیٹھنےوالی ٹائلٹ

bidet
نچلاحصہ دھونےکیلئےپاٹ

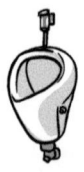

urinal
پیشاب گاہ

toilet paper
ٹائلٹ پیپر

toilet brush
ٹائلٹ برش

toothbrush

ٹوتھ برش

toothpaste

ٹوتھ پیسٹ

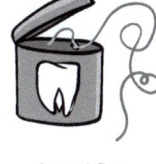

dental floss

ڈینٹل فلاس

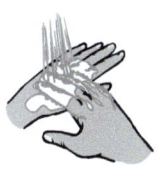

wash

دھونا

hand shower

ہینڈ شاور

douche

شاور

basin

بیسن

back brush

بیک برش

soap

صابن

shower gel

شاورجل

shampoo

شیمپو

flannel

فلالین

drain

ڈرین

creme

کریم

deodorant

ڈیوڈورنٹ

mirror

آئینہ

hand mirror

ہاتھ میں پکڑا جانے والا آئینہ

razor

ریزر

shaving foam

شیونگ فوم

aftershave

آفٹرشیو

comb

کنگھی

brush

برش

hair-dryer

ہیئر ڈرائر

hairspray

ہیئراسپرے

makeup

میک اپ

lipstick

لپ اسٹک

nail varnish

نیل وارنش

cotton wool

روئی

nail scissors

ناخن کاٹنے کی قینچی

perfume

پرفیوم

washbag

واش بیگ

stool

پاخانہ

weighing scales

وزن کرنے کی مشین

bathrobe

باتھ روب

rubber gloves

ربڑ کے دستانے

tampon

ٹیمپون

sanitary towel

سینیٹری ٹاول

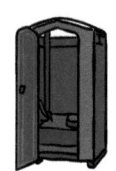

chemical toilet

کیمیکل ٹائلٹ

kids room

بچوں کا کمرہ

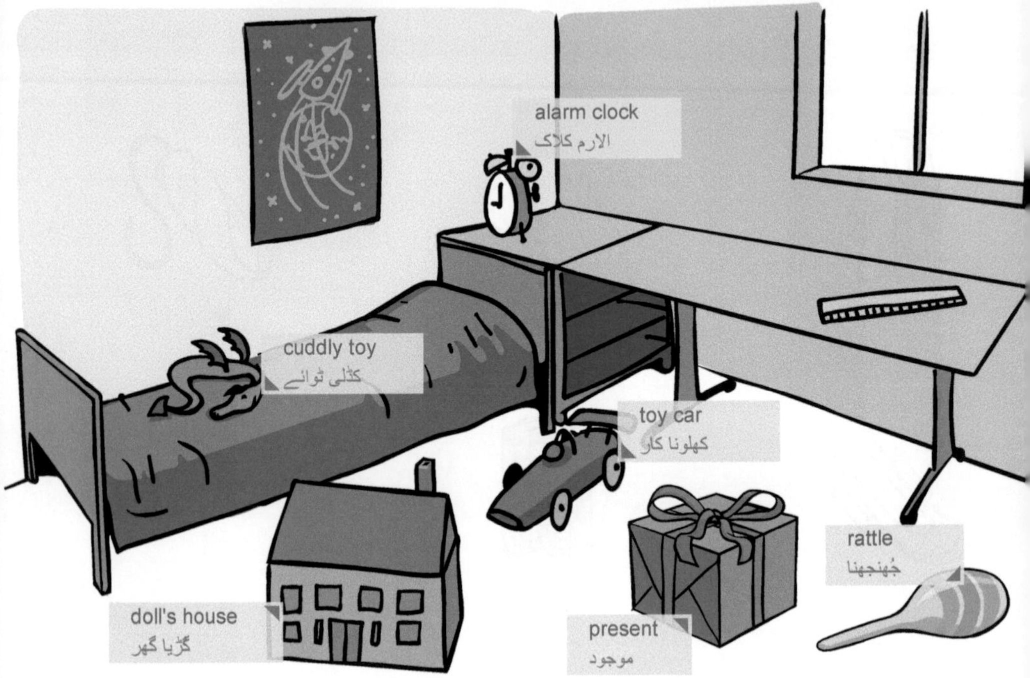

alarm clock
الارم کلاک
cuddly toy
کڈلی ٹوائے
toy car
کھلونا کار
rattle
جُھنجھنا
doll's house
گڑیا گھر
present
موجود

balloon

غبارہ

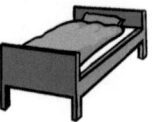

bed

بستر

stroller

پرام

deck of cards

ڈیک آف کارڈز

jigsaw

جگسا

comic

کامک

lego bricks

لیگوبرکس

toy blocks

کھلونا بلاکس

action figure

ایکشن فگر

romper suit

بچےکا لباس

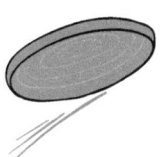

frisbee

فرسبی

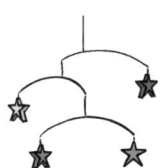

mobile

کھلونا موبائل

board game

بورڈ گیم

dice

ڈائس

model train set

ماڈل ٹرین سیٹ

pacifier

ڈمی

party

پارٹی

picture book

تصاویروالی کتاب

ball

گیند

doll

گڑیا

play

کھیلنا

sandpit

سینڈ پٹ

swing

جھولا جھولنا

toys

کھلونے

video game console

وڈیوگیم کنسول

tricycle

تین پہیوں والی سائیکل

teddy bear

ٹیڈی بیئر

wardrobe

کپڑوں کی الماری

clothing

لباس

socks

موزے

stockings

اسٹاکنگز

tights

ٹائٹس

scarf
اسکارف

belt
بیلٹ

umbrella
چھتری

t-shirt
ٹی شرٹ

boots
بوٹ

slippers
سلیپر

sneakers
اسنیکرز

sandals

سینڈل

shoes

جوتے

rubber boots

ربڑ کے بوٹس

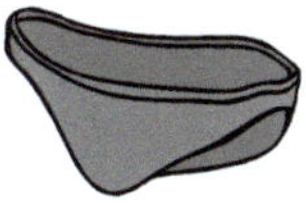

underwear

زیر جامہ

bra

بریزئیر

undershirt

واسکٹ

clothing - لباس

body

جسم

pants

پتلون

jeans

جینز

skirt

اسکرٹ

blouse

بلاؤز

shirt

قمیض

pullover

پُل اوور

sweater

سویٹر

blazer

بلیزر

jacket

جیکٹ

coat

کوٹ

raincoat

رین کوٹ

costume

کوئی خاص لباس

dress

لباس

wedding dress

شادی کا لباس

suit

سوٹ

nightgown

نائٹ گاؤن

pajamas

پانجامہ

sari

ساڑھی

headscarf

سر پر لیا جانے والا اسکارف

turban

پگڑی

burka

بُرقع

kaftan

کفتان

abaya

عبایہ

swimsuit

تیراکی کا سوٹ

trunks

ٹرنک

shorts

نیکر

tracksuit

ٹریک سوٹ

apron

اپرن

gloves

دستانے

button

بٹن

glasses

عینک

bracelet

کنگن

necklace

ہار

ring

انگوٹھی

earring

کانوں کی بالیاں

cap

ٹوپی

coat hanger

کوٹ ہینگر

hat

ہیٹ

tie

ٹائی

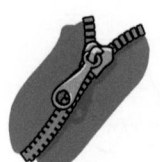

zip

زپ

helmet

ہیلمٹ

braces

بریسز

school uniform

سکول یونیفارم

uniform

وردی

bib

بب

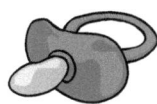

pacifier

ڈمی

diaper

نیپی

office

دفتر

server
سرور
filing cabinet
فائلوں کی الماری
printer
پرنٹر
paper
کاغذ
monitor
مانیٹر
desk
میز
mouse
ماؤس
folder
فولڈر
keyboard
کی بورڈ
waste-paper basket
ویسٹ پیپرباسکٹ
chair
کُرسی
computer
کمپیوٹر

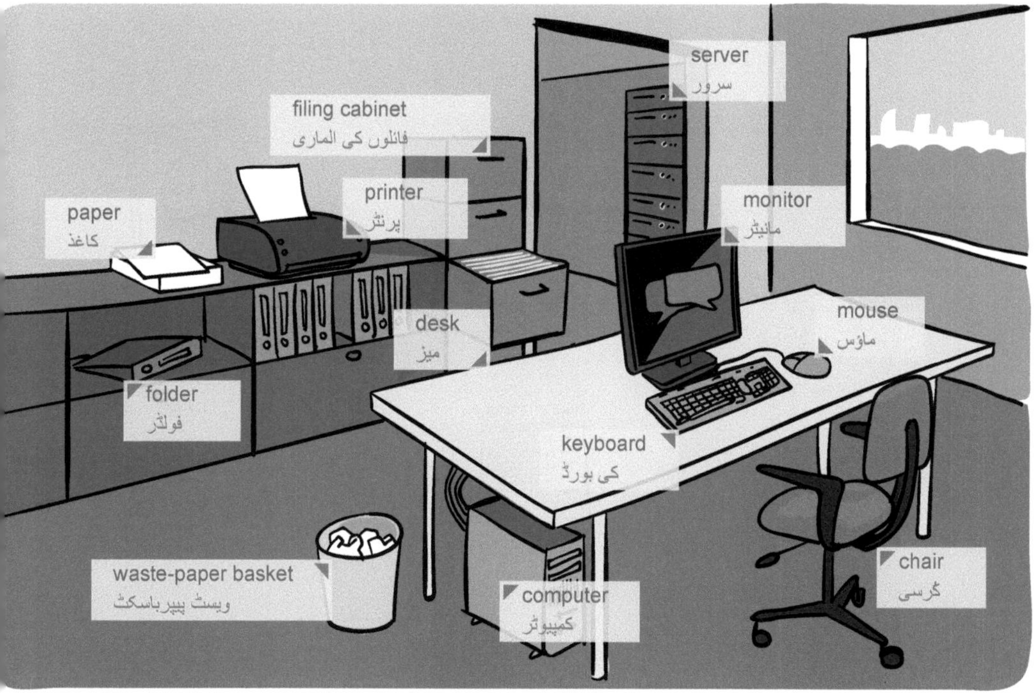

coffee mug

کافی مگ

calculator

کیلکولیٹر

internet

انٹرنیٹ

laptop

لیپ ٹاپ

letter

خط

message

پیغام

cell phone

موبائل

network

نیٹ ورک

photocopier

فوٹوکاپئیر

software

سافٹ ویئر

telephone

ٹیلی فون

plug socket

پلگ ساکٹ

fax machine

فیکس مشین

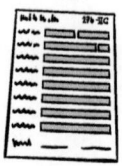

form

فارم

document

دستاویز

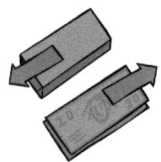

buy

خریدنا

pay

ادائیگی کرنا

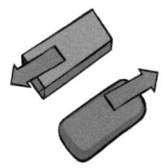

trade

تجارت کرنا

money

رقم

dollar

ڈالر

euro

یورو

yen

ین

rouble

روبل

Swiss franc

سوئس فرانک

renminbi yuan

رینمنبیی یوآن

rupee

روپیہ

cash point

کیش پوائنٹ

currency exchange office

رقم تبدیل کرانے کیلئے دفتر

gold

سونا

silver

چاندی

oil

خام تیل

energy

توانائی

price

قیمت

contract

معاہدہ

tax

ٹیکس

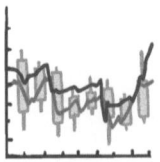

stock

اسٹاک

work

کام کرنا

employee

ملازم

employer

آجر

factory

فیکٹری

shop

دکان

occupations

پیشے

police officer
پولیس افسر
fireman
فائرمین
cook
خانساماں، کُک
doctor
ڈاکٹر
pilot
پائلٹ

gardener

مالی

carpenter

ترکھان

seamstress

درزن

judge

جج

chemist

کیمسٹ

actor

اداکار

bus driver

بس ڈرائیور

taxi driver

ٹیکسی ڈرائیور

fisherman

مچھیرا

cleaning lady

صفائی کرنے والی عورت

roofer

چھت بنانے والا

waiter

ویٹر

hunter

شکاری

painter

پینٹر

baker

بیکر

electrician

الیکٹریشین

builder

بلڈر

engineer

انجینئیر

butcher

قصائی

plumber

پلمبر

postman

ڈاکیا

soldier

سپاہی

architect

آرکیٹیکٹ

cashier

کیشئیر

florist

پھول بیچنےوالا

hairdresser

نائی

conductor

کنڈکٹر

mechanic

مکینک

captain

کپتان

dentist

ڈینٹسٹ

scientist

سائنسدان

rabbi

یہودی عالم

imam

امام

monk

راہب

pastor

پادری

tools

اوزار

pliers
پلائرز
hammer
ہتھوڑا
screwdriver
پیچ کس
wrench
رینچ
torch
ٹارچ

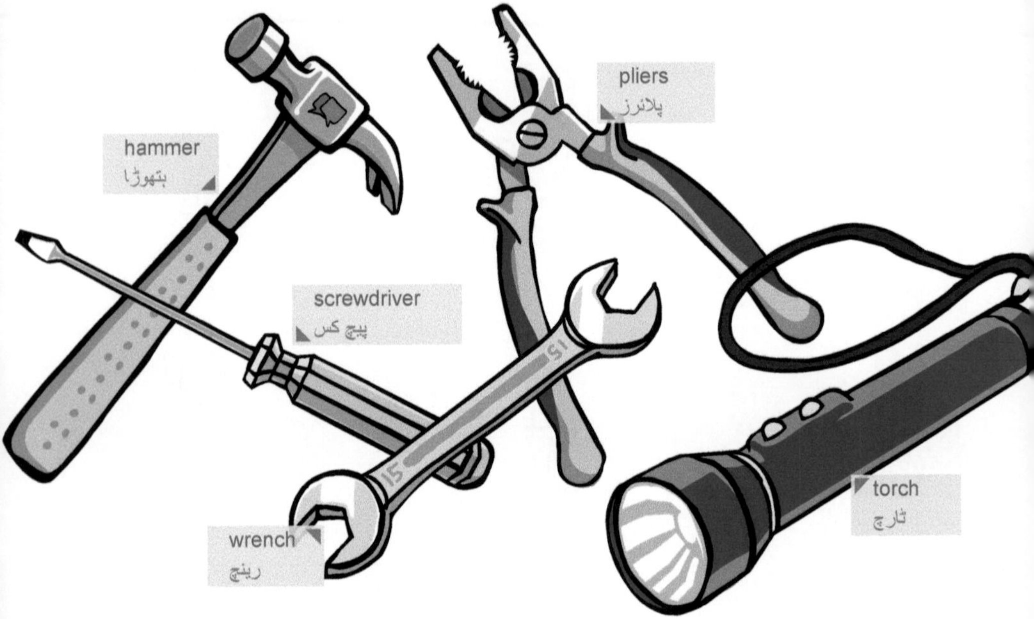

excavator

ایکسکویٹر

toolbox

ٹول باکس

ladder

سیڑھی

saw

آری

nails

کیل

drill

ڈرل

repair

مرمت کرنا

shovel

بیلچہ

Damn!

لعنت ہو!

dustpan

ڈسٹ پین

paint can

پینٹ پاٹ

screws

پیچ

musical instruments

آلات موسیقی

loud speaker
لاؤڈ اسپیکر
drum set
ڈرم سیٹ
guitar
گٹار
double bass
ڈبل باس
trumpet
بگل

piano

پیانو

violin

وائلن

bass

موسیقی کی آواز

timpani

ٹمپانی

drums

ڈھول، ڈرمز

keyboard

کی بورڈ

saxophone

سیکسوفون

flute

بانسری

microphone

مائیکروفون

tiger
چیتا

entrance
داخلے کا راستہ

cage
پنجرہ

zebra
زیبرا

animal feed
جانوروں کا چارہ

panda
پانڈا

animals

....

جانور

elephant

....

ہاتھی

kangaroo

....

کینگرو

rhino

....

گینڈا

gorilla

....

گوریلا

bear

....

ریچھ

camel

اونٹ

ostrich

شُترمُرغ

lion

شیر

monkey

بندر

flamingo

فلیمنگو

parrot

طوطا

polar bear

قطبی ریچھ

penguin

کبوتر

shark

شارک

peacock

مور

snake

سانپ

crocodile

مگرمچھ

zookeeper

چڑیا گھر کا محافظ

seal

سیل

jaguar

امریکی تیندوا

pony

ٹٹو

leopard

چیتا

hippo

دریائی گھوڑا

giraffe

زرافہ

eagle

عقاب

boar

سؤر

fish

مچھلی

turtle

کچھوا

walrus

سمندری گھوڑا

fox

لومڑی

gazelle

غزال ہرن

sports
کھیلیں

American football
امریکن فٹ بال

cycling
سائیکلنگ

tennis
ٹینس

basketball
باسکٹ بال

swimming
پیراکی

ice hockey
آئس ہاکی

boxing
باکسنگ

soccer
فٹ بال

badminton
بیڈمنٹن

athletics
اتھلیٹکس

handball
ہینڈ بال

skiing
اسکیئنگ

polo
پولو

activities
سرگرمیاں

jump
چھلانگ لگانا
hug
گلے لگانا
laugh
ہنسنا
walk
چلنا
sing
گانا
dream
خواب دیکھنا
pray
دُعا کرنا
kiss
چُومنا

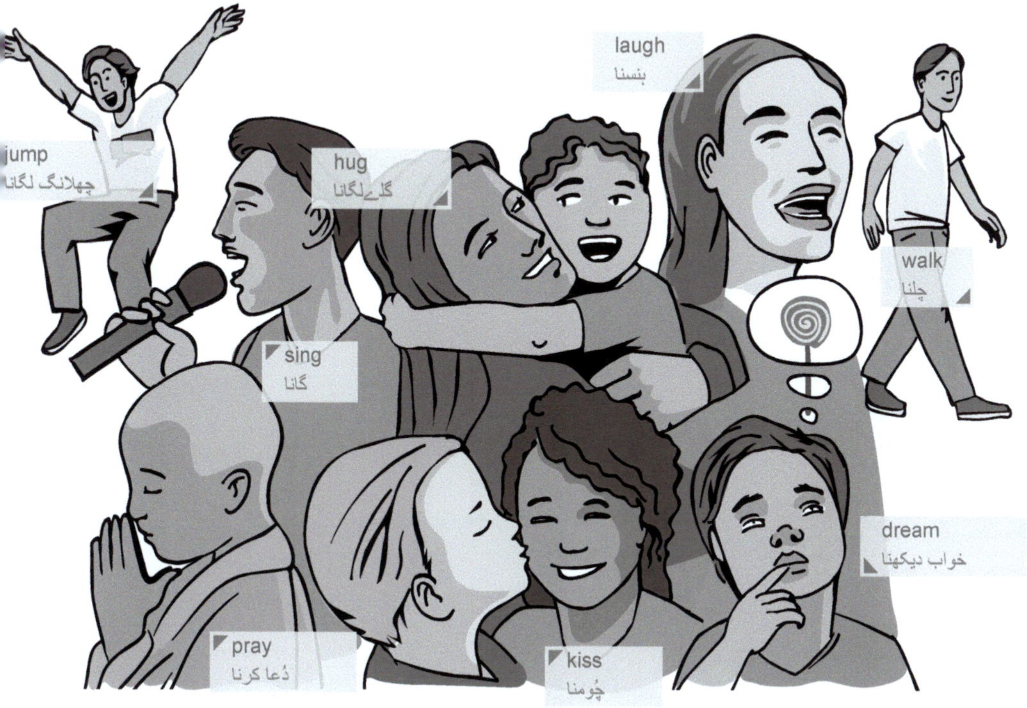

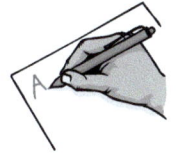

write

لکھنا

draw

تصویرکشی کرنا

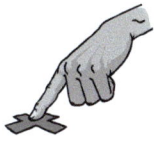

show

دکھانا

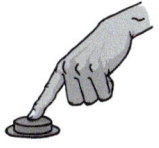

push

آگے کی طرف دھکیلنا

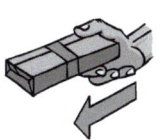

give

دینا

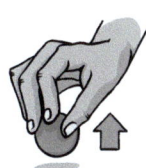

take

لینا

have

رکھنا

do

کرنا

be

ہونا

stand

کھڑا ہونا

run

دوڑنا

pull

کھینچنا

throw

پھینکنا

fall

گرنا

lie

جھوٹ بولنا

wait

انتظارکرنا

carry

اٹھانا

sit

بیٹھنا

get dressed

ملبوس ہونا

sleep

سونا

wake up

جاگنا

look at

دیکھنا

cry

رونا

stroke

چوٹ لگانا

comb

کنگھی کرنا

talk

بات کرنا

understand

سمجھنا

ask

پوچھنا

listen

مُتوجہ ہونا

drink

پینا

eat

کھانا

tidy up

صاف کرنا

love

پیارکرنا

cook

پکانا

drive

گاڑی چلانا

fly

اُڑنا

sail

بحری سفرکرنا

calculate

شمارکریں

read

پڑھنا

learn

سیکھنا

work

کام کرنا

marry

شادی کرنا

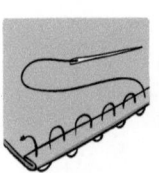

sew

سینا

brush teeth

دانت صاف کرنا

kill

جان سےماردینا

smoke

تمباکونوشی کرنا

send

بھیجنا

family
خاندان

grandmother
دادی
grandfather
دادا
father
باپ
mother
ماں
baby
طفل
daughter
بیٹی
son
بیٹا

guest
مہمان

aunt
چچی

uncle
چچا

brother
بھائی

sister
بہن

body

جسم

forehead
ماتھا
eye
آنکھ
shoulder
کندھا
finger
انگلی
face
چہرہ
chin
ٹھوڑی
hand
ہاتھ
leg
ٹانگ
breast
چھاتی
arm
بازو

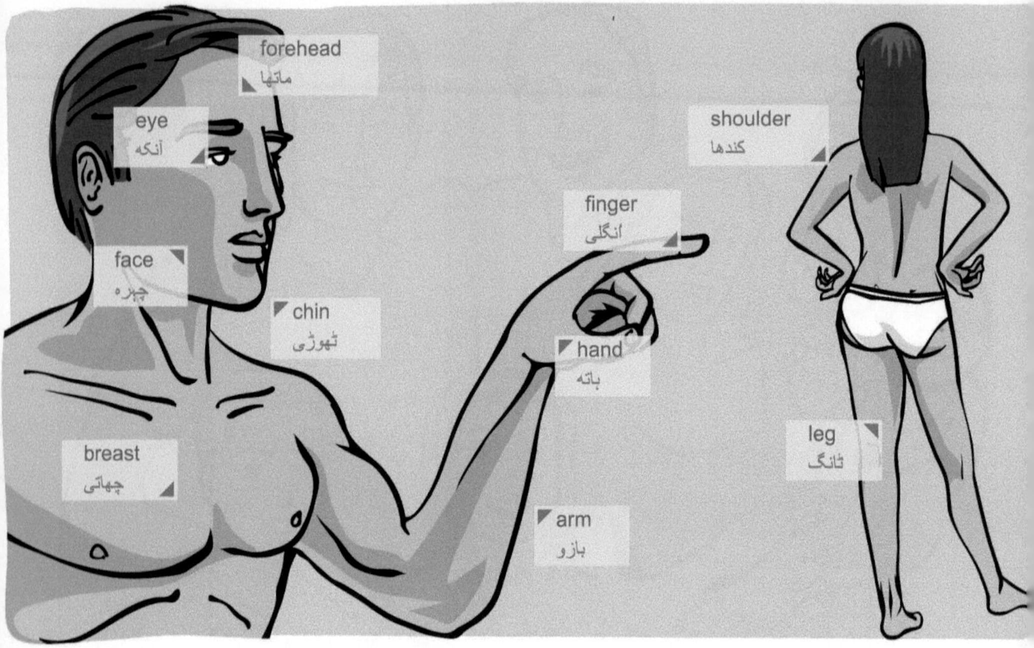

baby
طفل

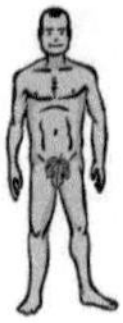

man
آدمی

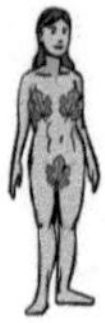

woman
عورت

girl
لڑکی

boy
لڑکا

head
سر

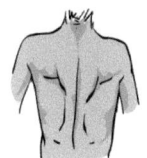

back

کمر

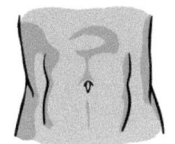

belly

پیٹ

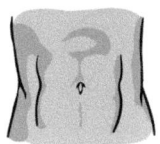

navel

ناف

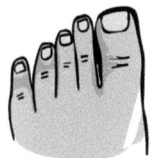

toe

پاؤں کا انگوٹھا

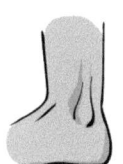

heel

ایڑھی

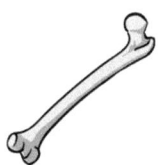

bone

ہڈی

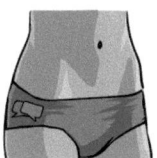

hip

کولہا

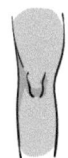

knee

گھٹنا

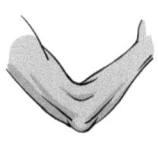

elbow

کہنی

nose

ناک

buttocks

نچلا حصہ

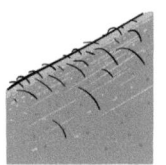

skin

جلد

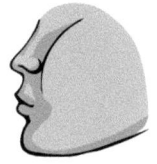

cheek

گال

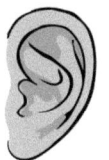

ear

کار

lip

ہونٹ

mouth

مُنہ

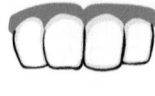

tooth

دانت

tongue

زُبان

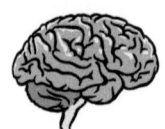

brain

دماغ

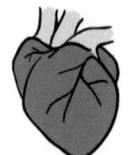

heart

دل

muscle

پٹھہ

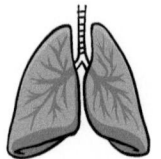

lung

پھیپھڑا

liver

جگر

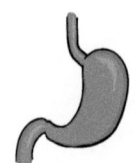

stomach

معدہ

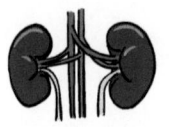

kidneys

گردے

sex

جنس

condom

کنڈوم

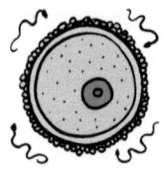

ovum

بیضہ

semen

مادہ منویہ

pregnancy

حمل

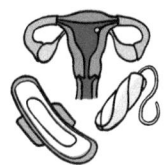

menstruation

حیض

vagina

اندام نہانی

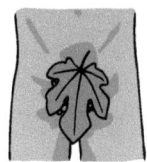

penis

عضو تناسل

eyebrow

بھنویں

hair

بال

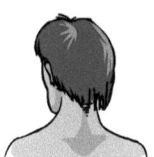

neck

گردن

hospital

ہسپتال

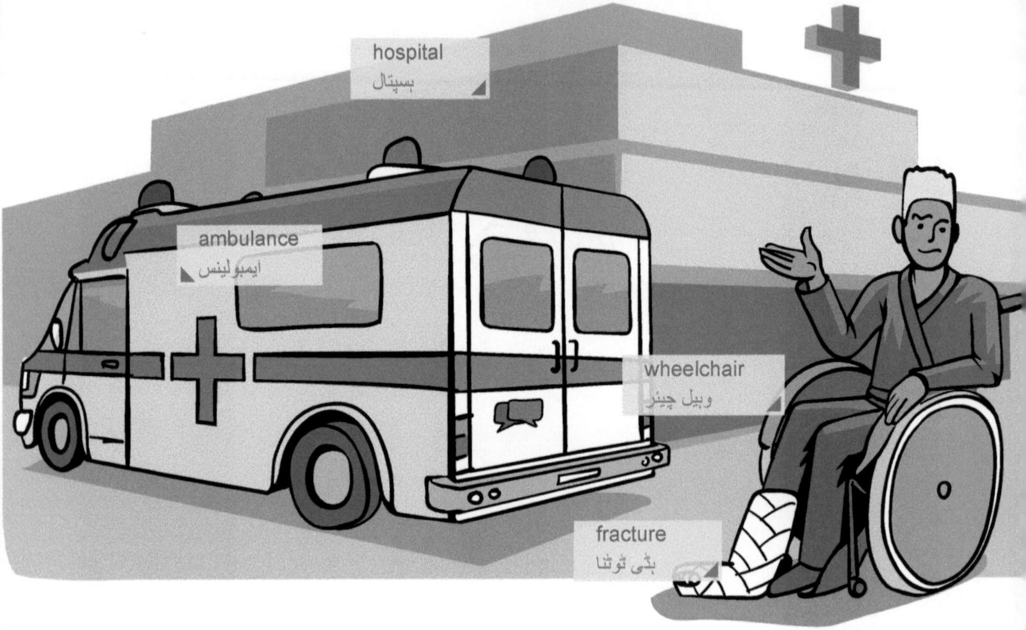

hospital
ہسپتال
ambulance
ایمبولینس
wheelchair
وہیل چیئر
fracture
ہڈی ٹوٹنا

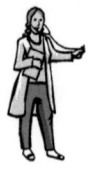

doctor

ڈاکٹر

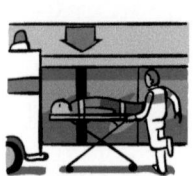

emergency room

ہنگامی کمرہ

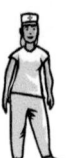

nurse

نرس

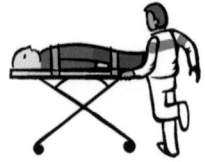

emergency

ہنگامی صورتحال

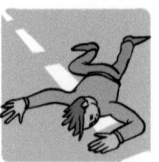

unconscious

بےہوش

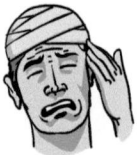

pain

درد

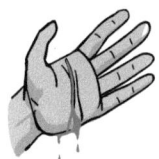

injury

زخم

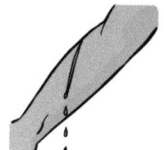

bleeding

خون بہنا

heart attack

دل کا دورہ

stroke

فالج

allergy

الرجی

cough

کھانسی

fever

بخار

flu

زکام

diarrhea

اسہال

headache

سردرد

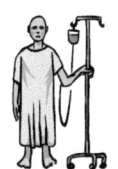

cancer

کینسر

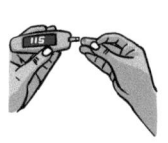

diabetes

ذیابیطس

surgeon

سرجن

scalpel

نشتر

operation

آپریشن

CT

سی ٹی

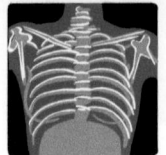

x-ray

ایکس رے

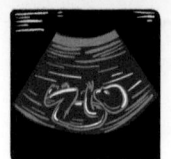

ultrasound

الٹراساؤنڈ

face mask

چہرے کا نقاب

disease

بیماری

waiting room

انتظارگاہ

crutch

بیساکھی

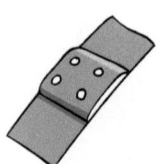

plaster

پلاسٹر

bandage

پٹی

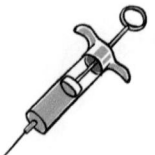

injection

انجکشن

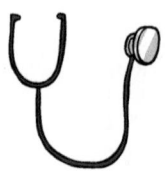

stethoscope

اسٹیتھواسکوپ

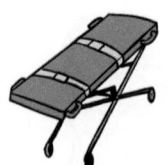

stretcher

اسٹریچر

clinical thermometer

مطبی تھرما میٹر

birth

پیدائش

overweight

حد سے زیادہ وزن

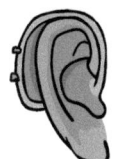

hearing aid

آلہ سماعت

disinfectant

جراثیم کش

infection

انفیکشن

virus

وائرس

HIV / AIDS

ایچ آئی وی/ ایڈز

medicine

دوا

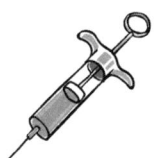

vaccination

ویکسی نیشن

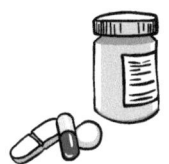

tablets

گولیاں

pill

گولی

emergency call

ہنگامی کال

blood pressure monitor

بلڈ پریشر مانیٹر

ill / healthy

بیمار / صحتمند

emergency

Help!

مدد!

alarm

الارم

assault

مُجرمانہ حملہ

attack

حملہ

danger

خطرہ

emergency exit

ہنگامی راستہ

Fire!

آگ!

fire extinguisher

آگ بُجھانےوالہ آلہ

accident

حادثہ

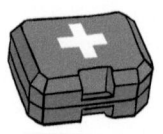

first-aid kit

ابتدائی طبی امداد کی کٹ

SOS

ایس او ایس

police

پولیس

earth
زمین

Europe

یورپ

North America

شمالی امریکہ

South America

جنوبی امریکہ

Africa

افریقہ

Asia

ایشیا

Australia

آسٹریلیا

Atlantic

بحر اوقیانوس

Pacific

بحر الکاہل

Indian Ocean

بحرہند

Antarctic Ocean

بحرقُطب جنوبی

Arctic Ocean

بحرقُطب شمالی

North pole

قُطب شمالی

South pole

قُطب جنوبی

Antarctica

انٹارکٹیکا

earth

زمین

land

زمین

sea

سمندر

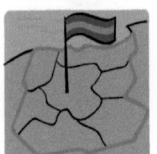

island

جزیرہ

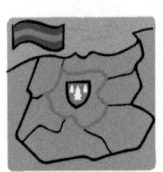

nation

قوم

state

ریاست

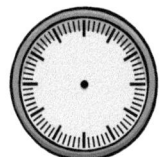

clock

کلاک

clock face

کلاک کا سامنےکا حصہ

hour hand

گھنٹوں والی سوئی

minute hand

منٹوں والی سوئی

second hand

سیکنڈ ہینڈ

What time is it?

کیا وقت ہوا ہے؟

day

دن

time

وقت

now

اب

digital watch

ڈیجیٹل گھڑی

minute

منٹ

hour

گھنٹہ

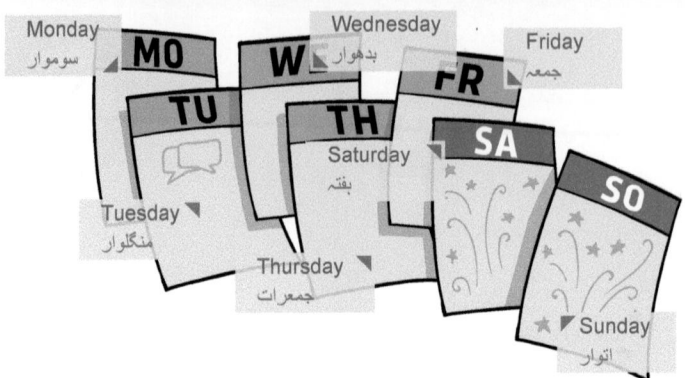

week

ہفتہ

MO
TU
W
TH
FR
SA
Monday
سوموار
Tuesday
منگلوار
Wednesday
بدھوار
Thursday
جمعرات
Friday
جمعہ
Saturday
Sunday
اتوار

TUE
MON

yesterday

گزرا کل

TUE

today

آج

TUE

tomorrow

کل

morning

صبح

noon

دوپہر

evening

شام

workdays

کاروباری دن

weekend

ہفتے کا اختتام

year

سال

rain
بارش
spring
بہار
summer
موسم گرما
wind
ہوا
fall
خزاں
snow
برف
winter
موسم سرما

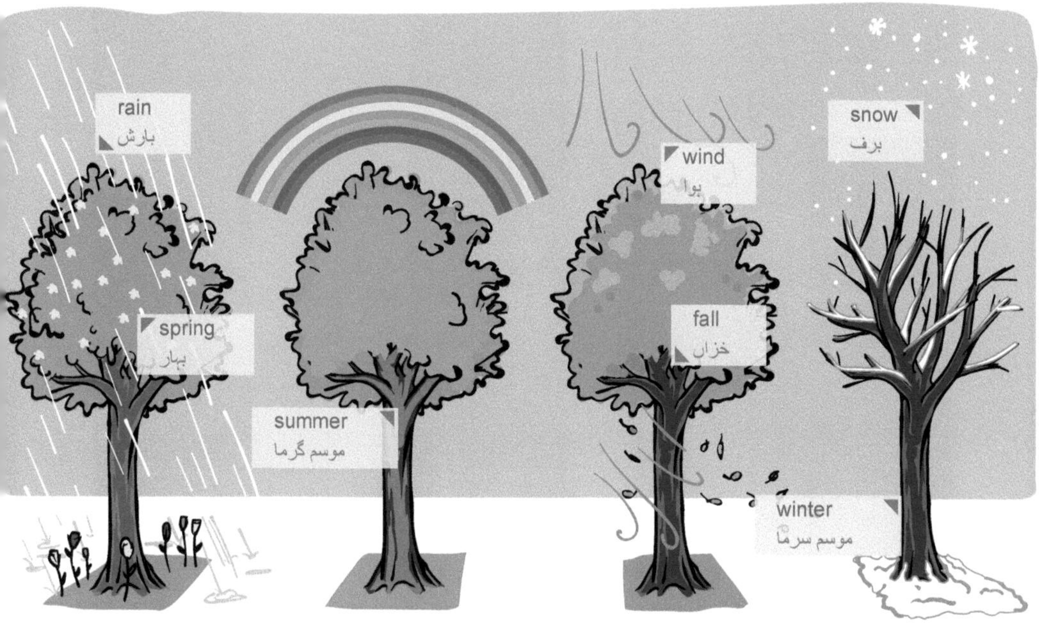

weather forecast

موسمی پیش گوئی

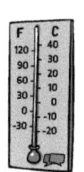

thermometer

تھرما میٹر

sunshine

دھوپ

cloud

بادل

fog

دُھند

humidity

حبس

lightning

بجلی کوندھنا

thunder

بادلوں کی گرج

storm

طوفان

hail

ژالہ باری

monsoon

مون سون

flood

سیلاب

ice

برف

January

جنوری

February

فروری

March

مارچ

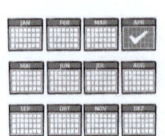

April

اپریل

May

مئی

June

جون

July

جولائی

August

اگست

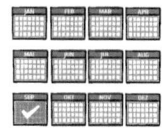

September

ستمبر

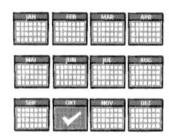

October

اکتوبر

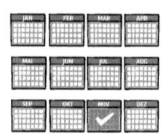

November

نومبر

December

دسمبر

shapes

اشكال

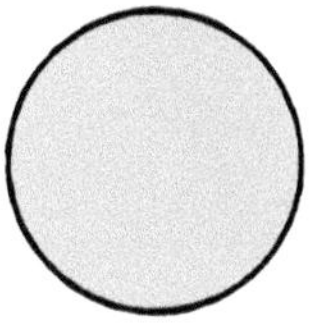

circle

دائره

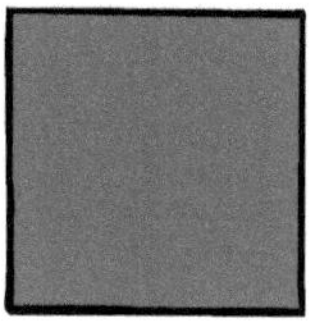

square

چوکور

rectangle

مُستطیل

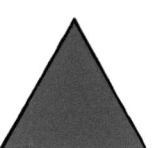

triangle

تکون

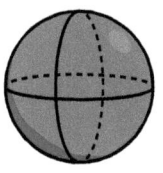

sphere

کُره

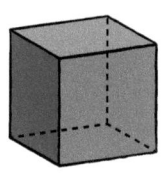

cube

مکعب

colors

رنگ

white

سفید

yellow

پیلا

orange

نارنجی

pink

گلابی

red

سُرخ

purple

جامنی

blue

نیلا

green

سبز

brown

بھورا

gray

مٹیالا

black

سیاہ

opposites
مخالف

a lot / a little

بہت زیادہ / بہت کم

angry / calm

ناراض / پُرسکون

beautiful / ugly

خوبصورت / بدصورت

beginning / end

آغاز / اختتام

big / small

بڑا / چھوٹا

bright / dark

روشن / اندھیرا

brother / sister

بھائی / بہن

clean / dirty

صاف / گندا

complete / incomplete

مکمل / نامکمل

day / night

دن / رات

dead / alive

زندہ / مُردہ

wide / narrow

چوڑا / تنگ

edible / inedible

کھانے کے قابل ہونا / کھانے کے قابل نہ ہونا

evil / kind

بُرا / اچھا

excited / bored

پُرجوش / بوریت کا شکار

fat / thin

موٹا / دُبلا

first / last

پہلا / آخری

friend / enemy

دوست / دُشمن

full / empty

بھرا ہوا / خالی

hard / soft

سخت / نرم

heavy / light

بوجھل / ہلکا

hunger / thirst

بھوک / پیاس

ill / healthy

بیمار / صحتمند

illegal / legal

غیرقانونی / قانونی

intelligent / stupid

عقلمند / بیوقوف

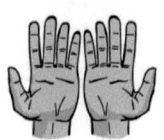

left / right

بائیں / دائیں

near / far

نزدیک / دور

new / used

....

نیا / پُرانا

nothing / something

....

کچھ نہیں / کچھ ہے

old / young

....

بوڑھا / نوجوان

on / off

....

آن / آف

open / closed

....

کُھلا / بند

quiet / loud

....

خاموش / بُلند آواز

rich / poor

....

امیر / غریب

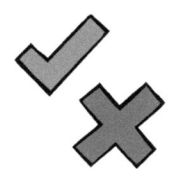

right / wrong

....

ٹھیک / غلط

rough / smooth

....

کھُردرا / ہموار

sad / happy

....

افسردہ / خوش

short / long

....

مُختصر / طویل

slow / fast

....

آہستہ / تیز

wet / dry

....

گیلا / خُشک

warm / cool

....

گرم / ٹھنڈا

war / peace

....

جنگ / امن

numbers

اعداد

0	1	2
zero	one	two
صفر	ایک	دو
3	4	5
three	four	five
تین	چار	پانچ
6	7	8
six	seven	eight
چه	سات	آٹه
9	10	11
nine	ten	eleven
نو	دس	گیاره

12	13	14
twelve .... باره	thirteen .... تیره	fourteen .... چوده
15	16	17
fifteen .... پندره	sixteen .... سولہ	seventeen .... ستره
18	19	20
eighteen .... اٹھاره	nineteen .... اُنیس	twenty .... بیس
100	1.000	1.000.000
hundred .... سو	thousand .... ہزار	million .... دس لاکه

languages
زبانیں

English

انگریزی

American English

امریکی انگریزی

Chinese Mandarin

چینی مینڈارین

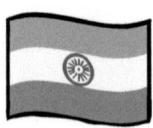

Hindi

ہندی

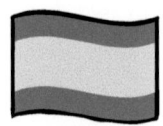

Spanish

ہسپانوی

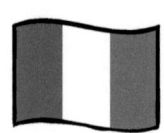

French

فرانسیسی

Arabic

عربی

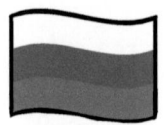

Russian

روسی

Portuguese

پُرتگالی

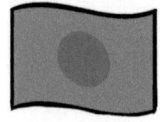

Bengali

بنگالی

German

جرمن

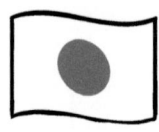

Japanese

جاپانی

I

میں

you

تم

he / she / it

وہ (لڑکا) / وہ (لڑکی) / یہ

we

ہم

you

تم

they

وہ

who?

کون؟

what?

کیا؟

how?

کیسے؟

where?

کہاں؟

when?

کب؟

name

نام

where

کہاں

behind

پیچھے

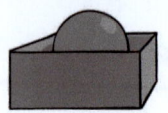

in

میں

in front of

کےسامنے

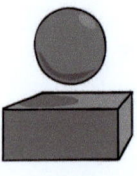

over

اوپر

on

پر

under

نیچے

beside

ساتھ

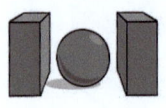

between

درمیان

place

جگہ